VALKOINEN
EEDEN

maailmannapa.samuli@gmail.com

Ulkoasu: Marleena Lampinen

Kustantaja: BoD · Books on Demand, Mannerheimintie 12 B, 00100 Helsinki, bod@bod.fi

Kirjapaino: Libri Plureos GmbH, Friedensallee 273, 22763 Hampuri, Saksa

ISBN: 978-952-80-8386-3

VALKOINEN EEDEN

Samuli Lampinen

Pappi, lukkari, talonpoika, kuppari,
rikas, rakas, köyhä, varas.
Silkkiä, samettia, ryysyä, rääsyä, sarkaa, verkaa.
Kulta, hopea, kupari, rauta, puu, muovi.
Talossa, ladossa, kirkossa, navetassa.
Tyttö, poika, hullu, apina.

Hautuneen havun värinen huoltorakennus
on kolmannessa persoonassa melko parakkimainen,
maanläheinen ensimmäisessä.
Sama maalaismainen linja poukkoilee läpi tilojen,
ihmisten ja toimintojen.

Vesiputket niin karstaiset,
että haistaa hiestä,
jos teevettä ei ole tuotu ulkoa.

Entinen haudankaivaja poikkeaa asiakasvessatyömaalla
kärkkymässä pönttöä ja lavuaaria.

Istuin sille luvattiin heti,
mutta lavuaaria saatetaan tarvita vielä.

Vainajat haudataan jalat Päijänteelle päin,
että kun nouset istumaan,
näet heti
minkälainen ilma on. Syökö kala.

Kierrämme asettamassa aurausmerkit hautausmaalle,
pian sataa lunta.
Emme ole metsästäjäkeräilijöitä, tietomme on harvaa
ja vaikuttaa siksi syvältä.
Perehdyttäjä näyttää paikan puikolla
ja minä isken kangella.
Hän tiputtaa koloon, minä painan jalalla tiukaksi.

Ensimmäiset hiutaleet leijailevat raa'assa tuulessa,
ilmiselvää suuntaa vailla, viluissaan.
Maahanmuuttajina
suutelevat vierasta kamaraa.

Kerubin leimuava miekka on kulahtanut
hautausmaan portille
ajoneuvolla-ajo kielletty -merkiksi,
jossa rutiini,
uskon vahvempi muoto,
on sen sulostanut
Tervetuloa Padasjoen liikennepuistoon -tikkariksi.

Suntio evp. sattuu sopivasti paikalle
koivujen kaaduttua.
Jos hän saisi polttopuiksi,
niin maksaisi kyllä kuljetuksen.
Troijan hevonen
palaisi laivoina kotiin.

Otsalamput ovat niin kalliita,
että odotamme parakissa päivän vaalenevan.
Jos haluaa, niin voi kyllä kolata
käytävävalojen alle puoliympyröitä.

Odotan enemmän perehdyttäjäni vapaapäivää
kuin omiani.

Kafka tunnistaisi tilanteen,
missä työnantaja asettuu tukemaan niitä tahoja,
jotka ovat vuosia laiminlyöneet kirjallisia ohjeita,
sellaista työntekijää vastaan,
joka uuteen työpaikkaan tullessaan
toimii annettujen ohjeiden mukaan
tunnistamatta perinnäissäännöstön velvoittavuutta.

Sadanpäänainen ehdottaa ravinnelisähyllyllä,
että alkaisin tekemään
työajan lisäksi 10% vapaaehtoistyötä,
koska eihän hänelläkään ole vapaa-aikaa,
muutellen positiotaan vastauksieni mukaan
kameleontin väripintoja tuottavan tunnepaletin tavoin
kappelineuvoston puheenjohtajasta
vapaaehtoistyöntekijään ja siitä kanssaseurakuntalaisuuden
kautta työnantajakseni,
tehden kaahauksellaan selväksi, että ei hän aikaani kadehtinut
vaan luovuttamatonta osaani.

Kukaan ei ole profeetta omalla maallaan
paitsi Padasjoella.

Viraston roskiskaapin loukkuun jääneen hiiren omaiset
ovat onnellisia,
olihan hän kuitenkin saanut jalkansa
seurakunnan oven väliin.

Totaalinen talvi.
Hautakivirivit, panssarinahan kohoumia, sen
joka tahtoo levätä.
Päristelen traktorilla, huiskin lumet
kuin elämä olisi tehty minuuteista, olisi
lumihiutaleista kiinni.
Olipa kerran.

Peura katsoo silmiin: "Minä olen ihan rauhallinen,
ole sinäkin.
Vaikka ruokailemme, pidämme silmällä,
että saat työsi tehtyä
eikä kukaan uhkaa sinua."

Avoin hauta,
viilto valkoisessa kankaassa.

Talvimato, jäykkä kuin ongenkoukku,

kysymyksien kysymysmerkki.
Siimaton – järvetön,

mysteerin nuottiavain,
eikö napsahda poikki.

Valtuutettu sanoo topakasti
jostakin kaatuneiden muistopäivän seppeleiden laskuun
liittyvässä asiassa, että niin ei ole koskaan tehty.

Hetkeä myöhemmin
sakastiin astuva toinen valtuutettu toteaa,
että niin on aina tehty.

Vapaa tahto näyttää olevan sitä,
että kadumme Jumalan syntejä
ominamme.
Vitsikäs yhdistelmä,
huulten pelastusrengas ja tylsä kieli.

Taivas, haave
vihasi kohdetta odottamasta kärsimyksestä.
Helvetti,
että niin joutuu tuntemaan.

Satavuotiaan kuusirivin varjot ovat yhteinen asia
niiltä osin kun ne lankeavat
valtuutetun suvun haudoille.
Syntiinkohoaminen on taitolaji.

Kaikki eivät pääse taivaaseen armosta,
jotkut toimitetaan sinne säälistä.

En usko anteeksiantoon. Kirjoittaminen on usko.
Lunta luodaan työntämällä sitä pois.

Terroristisolua johtaa kouluja käymätön barbaari.
Kappelineuvostoa kouluja käymätön työelämäneitsyt.
Tuo on jakanut lastenkanto-
ja huushollinpidon taakan neljälle vaimolle,
tämä kantaa kaiken yhdeltä mieheltä.
Tuo Jumalalta, tämä Jumalalta.
Ja hänen kanssaan pitäisi neuvotella.

Kun he saavat rahaa,
he hankkivat parkkipaikan roskiskatoksen viereen kesäkeittiön,
Elävää vettä, niin pullottavat sen.
Uutisensa he lukevat
2000 vuotta vanhojen kuulopuheiden
translitteroinneista. Löytävät eksyneen
ilmoittamalla yhdeksänkymmenenyhdeksän karkaavan,
jos yhdestä ei päästä eroon.
Vatupassia tarvitaan
oikeastaan vain hautamuistomerkkien justeeraamisessa.
Kivet vierivät harvoin
jääkausien sulamisvaiheiden välissä.

Seurakunta on paikkakunta,
jossa suomalainenkin on maahanmuuttaja.

Kahden maan kansalaiset
ovat lojaaleja vain toiselle,

muuten et tietäisi
mitään eroa olevan
sen ja sen välillä,
Juudean ja Rooman.

Kappalaisen lempiväri on purppura.

Kappalainen on kateellinen kirkkoherralle.
Hän tietää olevansa umpisuolessa, bakteerien Masadassa.
Etenemismahdollisuuksia ei ole, mutta se ei tarkoita,
että vihollista ei voisi satuttaa
vetämällä se lähelle.

Täällä kerrotaan sellaista hauskaa juttua
entisestä kirkkoherrasta ja suntiosta,
että: "Onko Ritamiestä näkynyt?"
"Tuolla se heiluu kirkolla Puukon kans."

Nykyisin on yksioikoisempaa:
"Onko kappalaista näkynyt?"
"Tuolla se ajelee kappelikotilaisensa kanssa."

Niin kiertyy mainen maine,
mahdollisuuksien DNA.

Jeesuksella fariseukset,
minulla lestadiolaiset.

Äitini sanoi liikennemerkkien olevan vain osviittoja,
mutta ei olisi missään kuviteltavissa olevissa rauhanajan olosuhteissa
ajanut hautausmaalla autolla –
ei pelosta
vaan myötätunnosta heitä kohtaan,
jotka ovat hankkiutuneet ennenaikaisesti eroon ylimielisyydestä
päätyen turhamaisuuteen,
sillä siltä tieltä ei kenenkään tiedetä palanneen.
Ajattelin häntä tänään
pienen punaisen auton peruuttaessa
keskikäytävää pitkin
saattovaunun edellä.
En hänen kasvojaan tai ääntään,
sillä niitä meillä ei enää ole.

Mustanlaatikonvärinen traktori joutokäy lumisateessa.
Raamatusta lukee läpi nopeasti, Pentistä ei,
Saarikoskessa on vastetta kokonaisuudelle.
Mutta kun etukuormaaja on jumissa,
on soitettava huoltomiehelle,
joka tekee runoutta karasta,
vaijerista ja WD-neljästäkympistä.

Lakaisen kuolleiden sieluja
kappelin lattialta
kirkkaana päivänä. Kirkkaana päivänä
ripottelen ne kärpäsiksi
puhtaalle hangelle.

Hiekottaminen on kaatumattomuuden kylvämistä.
Kesällä ei näe niin selkeästi,
ollaan pöyhkeitä,
ei odoteta talvea.

Pappi pitää siunauspuhetta
käyttäen vainajasta kaikkia etunimiä
kuin esineestä: Tuoli Lakkapinta Puinen.

Katson kelloa, katson ikkunasta; timanttipetiä,
jota kutsutaan hangeksi.

Tässä ei mene enää kauaa,
ehdin hiihtämään
ja lämmittämään sen jälkeen saunan.

Puristan sellofanin, viilupuiselle tuolille jätetyn,
sakastin roska-astiaan.

Saattokellot soivat, ruumisauto lähestyy kappelia.
Olen nähnyt vuoden kierron.
Vaellus on biologinen,
ei sielun.
Katselen hyrysysyn lähtevän.
Uskonnot
joukkorunoutta.

Kaksi miestä sirottelevat tuhkaa päällensä,
koska en tue heidän yritystoimintaansa
antamalla aikaani tai seurakunnan työntekijöitä,
käyttele traktoria tai kaivinkonetta heidän tarpeisiinsa,
vaikka niin on aina tehty.
Mutta ei tuhka siitä paljoa likaannu,
alkaa vain haisemaan pahalle.

Kuninkaan pojiksi ja tyttäriksi itseään tituleeraava väki
saapuu kirkkoon
ensimmäisen virren ensimmäisen säkeistön
kahden kolmen ensimmäisen rivin aikana
tuuheena kuin Rapalan viehe.

On selvää kuin kireällä pakkasella,
miksi runoilijoita ei kulpuuteta Platonin valtioon.
Ideoiden virheettömässä ekosysteemissä
heitä kutsuttaisiin harhaoppisiksi.

Minä menin ja nostin
mato-ongella Leviatanin,
mutta laskin sen takaisin kasvamaan.

Miksi ne harvat,
joille on luvattu iankaikkisen meren ihanuus,
näkevät niin paljon vaivaa
hankaloittaakseen heidän elämää,
joille on varattu kuoleman jälkeen paikka
päiväntakaselta rannalta?
Tietävät olevansa
puulaakijumalan vuolemia merkkejä
silmättömässä verkossa.
Ilkeydet on tehtävä eläessä,
atomit eivät marise.

Ovat niitä jotka eivät tervehdi,
eivät vastaa,
eivät loukkaa kärsimystäsi
pyytämällä anteeksi,
ovat
tähtien kaltaisia.

Lahko hapertaa mieltä
mutta vahvistaa luuloa,
ötökkähotelli arboretumissa.

Olen iso jää
lilluen rauhassa
kuin reumapotilas lämpimässä vedessä,
johon pienet mielet
puhaltavat kuplia.

Työnnän traktorilla lunta jäätyneessä Eedenissä.
Peurat laiduntavat tuoreen hautakummun kukkabufeessa
ja tuonnempana kauriit
nyhtävät tuijaa kappelin rinteessä.

Taivas, suuren variksen rinta,
kahdeksas päivä.

Luoja tietää, että kysymys on massoittelusta.
Voit tutkia elämää meressä, hienojakoista, katsoa silmää.
Tai olla suurpiirteinen kuin parkkipaikka.
Nostaa käpy viiteenkymmeneen metriin
ja antaa oravan hakea.

Harakka on harmaa ja varis valkoinen
mutta toisinpäin. Pyhäpäivän jälkeen
markki on steariinipeijaisten jäljiltä.
Uhrimieltä osoitettu, kynttilähylsyjä sikin sokin.
Tanssiaskelia eekke,
tanssiaskelia taakke, nokkapokkaa ja siipirysyä.

Suntio touhuaa omiaan, siivoilee
tietämättä tuon taivaallista
mitä on sovittu,
onko ymmärryksen rajat siirtyneet.

Mutta torstaina
saamme jälleen Padasjoen Pravdasta yhteen ääneen kuulla
mikä on pitäjän motto:
"Ei koskaan! Aina."

Kun kyliltä kuuluu, että kappalainen ja suntio
ovat vaihtaneet seurakuntakeskuksen ruokalan ulko-oven lukon,
syyte on helppo osoittaa joutavaksi höpinäksi.

Kun sama kylä kuuluttaa, että suntio on laittanut
työkaluvajan oveen munalukon,
väite katsotaan näytetyn toteen.

Sielujen putkimiehen mieli on puhdas
onhan hän juuri selvittänyt epäselvyyden välillämme.
Minä en vain sitä tiedä,
koska hän on hoitanut homman rukouksessa
välimiesmenettelyn kautta.

Tapahtukoon sinun tahtosi -vastuuvapauslauseke
ei vapauta pyhitettyä itsekseenpuhumista toiminnan vastuusta.

Muuten se lausuttaisiin rukouksen alkuun
eikä muuta sanottavaa tarvittaisi.

Mutta me emme elä armo- vaan juorutaloudessa.
Pilatus ja vesi, Kaifas ja käsidesi.

En ymmärrä miten Kaifas ei käsitä valtansa mekaniikkaa,
kuinka tietyt seurakuntalaiset tuottavat kiihtyvässä tahdissa
juuri sellaista materiaalia,
mitä pappi on altis kuulemaan
ja toimittamaan kappeliseurakunnan juorujenkäsittelylaitoksena
toimivan seurakunnan johtoryhmälle niin,
että jutun kertonut seurakuntalainen voi jäädä nimettömäksi,
kasvottomaksi, ja miten kyseinen johtoryhmä
ei ymmärrä mitä tapahtuu:
koe-eläin oppii vääntämään vivusta
saadakseen namupalan
ja/tai antamaan kohdehenkilölle sähkösokin.
Pienestä ihmisestä sellainen voi olla huumaavaa.
Häntä kutsutaan taivaan lahjaksi.
Se siinä onkin pelottavaa, maata, maadoitusta ei ole otettu huomioon.
Armon narsistit
eivät näe varjoaan.

Runoilija luottaa mielikuvitukseen, uskovainen sen tuotoksiin.

Kirkkoherralla on kaksi kilpimiestä,
talous- ja kiinteistöpäällikkö,
joiden tehtävä on suojella esihenkilöään
esimerkiksi kymmeniätonneja kahdessa vuodessa
seurakunnalta kupruilleen huoltopäällikön edesottamuksilta
siihen saakka, kunnes joku työntekijä paljasti juonen.

Kilpimiehet säilyivät,
koska saarnataidoilla de facto yrityksen de facto toimitusjohtajaksi
pätevöityneelle miehelle,
he ovat liian suuria kaatumaan.
Suntio sai mennä.

Hiiri ei kykene havaitsemaan ruoka-
tai seksuaalisäädöksiä moraalisesti suurempaa
eikä pienempää tietoisuutta.
Sellainen olisi hänelle merkityksetön

kuin reikä juustossa.
Tee työsi niin arvostaen,
että voisit sitä toisen tekemänä arvostaa -väännökseni,
hän on kullannut ja laittanut esille.

Ihmiselämä riittää ylenpalttisesti
oman epäpätevyyden tason ylittämiseen,
mutta kysyy viisautta pidättäytymään siitä.
Asema pätevöittää, ei pätevyys.

Viikonloppuvapaa, Kultakimpale tuuraa.
Sille pitää jättää hissi alas, arkku valmiiksi katafalkille
ja seuraava vainaja viereen odottamaan,
mistä saavat sen papin kanssa hissiin.
Kellarissa on reilu pakkanen, tuoksusta ei ole siis pelkoa,
mutta kappelin lämmöt karkaavat harakoille
ja sulakkeet saattavat räpsähtää offille,
kukkakauppias pudota.
Kun raha tulee veroista, manna sataa taivaasta.
Kirkossa pitää laittaa ehtoollisastiat, öylätit ja viini sekatavarakaappiin,
koska Kimpale ei saa holvia auki.
Maanantaina siivota hänen jälkensä,
sillä niin on aina tehty.
Jumala on käytäntö, ei rakkaus.

Nuoriso-ohjaaja sanoi,
että jos rauhantulen kuljettamisen aikana
sattuisi joku vaaratilanne maantiellä,
hän avaisi ikkunan
ja heittäisi jalkatilassa matkustavan lyhdyn ulos.
Ei metsä siitä syttyisi, nythän on talvi,
kynttilä kyllä sammuisi ilmalennon aikana.
Niin on sovittu kirkkoherran kanssa.
Missä on pienikin järjenkipinä, kastelkaa sitä uutterasti.

Kaukana idässä ajatellaan jalkojen olevan vartalon saastaisin osa,
koska liiskaamme niillä heitä
ja tärvelemme heidän aikaansaannoksiaan,
jotka elelevät meitä lähempänä maata.

Täällä läntisissä korkeuksissa pienempien potkimisen vaikutus
saadaan aikaan sormenpäillä,
niillä, jotka juoksevat näppäimistöllä
ja niillä, jotka eivät niille kapua.

Epäoikeudenmukaisuutta kohdatessa
ei pidä masentua,
sillä se osoittaa, että elät
juuri siinä maailmassa,
mistä tarinat kertovat.
Et ole eksynyt.

Aurinkoista pakkasta. Hankikanto.
Lapioin paikan uurnanlämmittimelle,
huomenna kaivan.
Silloin tuoksuu paahtunut ruoho, höyryää
eläimen karva.
Ennustan sijainnista onko juuria tai kiviä.
Onko norjaa hiekkaa.

Klonksuttelen uurnamontusta nostetun maa-aineksen
kottikärryllä huoltohallin lämpöön pariksi päiväksi.

Illalla kävelen laituria
niin syvälle, että järvi ympäröi minua
358 astetta.

Labyrintin ja sokkelon ero on siinä,
että ensimmäisen läpi sinut johdatetaan,
jälkimmäisessä yritetään eksyttää.

Yhden kirjan organisaatiossa humanismi alleviivataan punaisella.

Harjaan haudalle vievää käytävää,
tabuloin rasaa,
että omaisten on mukavempi tulla.
Mutta mieli ei siliä
kuin jalanjäljet lumesta.

Vaellussauvani on katuharja, lapio kerjuukulhoni.
"Jos huomaat ettet enää usko,
laajenna puutarhaa",
havaijilainen puutarhuri sanoi.
Vihmoo alijäähtynyttä vettä, lumen napalmia.

Kautta aikain runoilijat ovat eläneet näin,
vastanneet kysymykseen, miksi et kirjoita äänikirjaa,
jatkamalla harjoitustaan.

Jos saat valita,
on viisasta valita niin,
että se mitä joudut myöhemmin
joka tapauksessa jossittelemaan,
olisi vähiten epämieluisa jossiteltava.
Virastossa painetaan Enteriä, tai etänä,
ja minä kaivan.

Maasta sinä olit, mikromuoviksi sinun on palattava.
Giordano Bruno poltettiin
kerran jokaisessa auringossa,
mutta auringot eivät sammuneet.

Kävin vaihtamassa paristot leirikeskuksen uusiin palovaroittimiin.

Ne asennettiin kesällä vapaapäivieni aikana
sanottuani yöllä piipanneista laitteista valittavalle nuorisotyönohjaajalle,
että teillä on kurinpidollinen
ei tekninen ongelma.

Nyt minulla on toimistossa muovipussillinen
toimivia katosta irrotettuja hälyttimiä,
sokeiden valtakunnan leivisköjä.
Vaimo nauttii öisin revontulista. Omat päiväni ovat täydet
lopunaikojen seuraunta.

Ihmiselle on käymässä teknologian kanssa samoin
kuin Jumalalla luomisensa kanssa:
katoamme siihen – jokainen
napinpainallus on ikuinen.

Kuinka ehdoton puuttumattomuuden tuleekaan olla
muuttamaan taaksepäin katsomisella patsaaksi suolattu
edelleen porsliiniksi,

ja kuinka vähän Behemotin lanteiden liikettä
saada se varisemaan maahan
lumilingon,
monoteistisen luontokappaleen, appeeksi.

Presidentti asuu Helsingissä,
mutta muuttaa kesäksi Naantaliin. Sodan syttyessä
Jumala maahan
lähemmäs maata kuin maa itse.

Kohoten vasta viimeisen pamahduksen jälkeen
takaisin puolitankoon.

Vaihdan liturgiset värit,
uudet kukat alttarille ja neljä kynttilää.
Jos tulisi piispa, niin laitettaisiin yksi lisää,
Jumalalle lapsi – plus miinus nolla.
Jatkuu demografinen kehitys,
ei tarvitse edes sytyttää.

Hiiri,
pieni harmaa hiiri,
kirkkoherra.
Kolmannes vakkareista kääntyy säikähtäneenä ovelta.
Eivät usko syntejään anteeksi
ellei rotta julista.

Virsinumeroiden riisuminen ja veskien tarkastaminen
puhallettujen kynttilöiden tuoksussa.

Laumalle olen eksynyt
mutta paimenelle ystävä.

Valojen sammutus.

Vaikka kaikki rukoilisivat,
rukouksen aiheet eivät vähenisi.

Tieteen näkökulmasta teisti,
uskonnon ikkunasta jumalaton.

On hyvä nähdä, portaat harjataan
useammin kuin alttari.

Lumikolavalaan aamukierros tähtitaivasplanktonissa.
Urahtelua, nurahtelua, mutta ei kaikua.
Hyvän ja pahan tiedon enkelistö
tanssii ympärilläni.
Monaster, tämä kielimonsteri,
päivittäinen uhrini.

Päivä on valmis,
lyhdyissä tulet.
Työkalut hangella sievästi kuin serafinin ripset.

Jumala lupasi sata vuotta sitten,
että seuraavaa kirkkoa ei hävitetä tulella,
jos rakennatte sen kivestä,
mutta korostaa nyt,
että hän sanoi kyllä jo silloin,
sillä kerralla sen tekee kosteus.

Uskotaan neitseestä syntymiseen, ruumiin ylösnousemukseen
ja viimeiseen tuomioon,
mutta ei sisäilmaongelmiin
seurakuntatalon käyttökieltoon joutumisen syynä,
koska se on niin kauniilla paikalla
ja siellä on järjestetty lukuisia muistoisia tilaisuuksia.

Meillä ei ole taistelu taivaan henki-
vaan tunnevaltoja vastaan. Niiden puolesta.

Kiitos Jeesus ruokamme, aamen.

En tunne itseäni,
mutta vastakkainen suunta on selvä.
Maailmassa on istumisen hohde:
kevyemmän työkalun valitsija löytää huomenna
yhä kevyemmän.

Rukous, mutta runous
ei ole syyntakeettoman elehtimistä.

Vaikka tekisit hölmöläisen työn, valon pimeyteen,
he eivät muuttuisi.
Sanoisitko: "Tulkoon pimeys."

Dogmit ovat mielelle sitä mitä byrokratia yhteiskunnalle.
Puutarhan muuri villeyttä vastaan,
puutarhan muuri villeyden suojaksi.

Kun Jeesuksen ristinkuolemasta
koskaan kuulemattomat ihmiset
pääsevät kuoltuaan suoraan taivaaseen,
minkälainen ihminen
kertoo siitä ja viimeisestä tuomiosta heille,
ellei sellainen, joka tahtoo heidät helvettiin.

Puolustaudun juoruja vastaan heittelemällä lunta takaisin pilveen,
että pilvi vaihtaisi tuulen suuntaa
ja aurinko nöyrtyisi
laittamaan kiertolaisensa järjestykseen.

Mitä korkeammalle virhe nostetaan
sitä lähemmäs oikeutta
se tulee

aina siihen saakka jossa voimme todeta:
Jumala on rakkaus.

Kuinka paljon parempi paikka maailma olisikaan,
jos emme saisi kaiken aikaa anteeksi.

Niin paljon Jumala on kuolevaisuutta kadehtinut
ja buddhalaisuudesta vaikuttunut,
että hänen oli synnyttävä ihmiseksi
voidakseen itse kokeilla kykenisikö olla se
muutos,
jonka halusi maailmassa nähdä.

Tänään
hänen kasvoilleen on kauppareissun ajaksi
unohtunut kirkkoilme.

Kiinteistöpäällikkö ojentaa minua,
että minun olisi pitänyt ehdottaa, että voisinko
laittaa pitsalaatikkosi ja sohvan väliin sanomalehden,
ettei öljy valu sakastin kustavilaiselle lahjoitussohvalle.

Aikuiselle ihmiselle ei tule digilehtiaikakautena sanoa:
"Pitsalaatikko pois sohvalta."

Kun luurangonlaihaksi kalutussa organisaatiossa
tehdään jotakin strategiaa,
saarnaa tai rukoushälinää konkreettisempaa,
prosenteiksi muutetut ketjutetuilla määräaikaisuuksilla
vaikenemaan kahlitut työntekijät
koputtelevat pyhimyslippaalta toiselle,
että helppaisitko vähän,
tarttis kummitella.

Hän maksaa niin paljon kirkollisveroa,
että saa pysäköidä mihin tahtoo,
traktorilla on kyllä aikaa odottaa sen aikaa
kun hän vie kynttilän haudalle.
Kun vastaan, että emmehän parkkeeraa kaupassakaan ovien eteen,
vaikka ostoksemme maksammekin,
musta Mercedes on kuullut riittävästi:
"Näin täällä on aina tehty!"

Ihmiset kulkevat töihin ja kouluun.
Auton kolhima peura odottaa orapihlaja-aidan takana
ehtiikö riistamiehet
vai poliisi ensin.
Minä seison kännykkä kädessä,
sivelen sen avutonta pintaa.

V-möinen saapuu rannalta päin
pilvisin askelin tuuli parrassa liikkuen.
Nostaa kättä, kuusikujaa,
parillisten siiveniskujen vyötä.
Minä en enää tahdo asua kirkonkellojen kuuluvuusalueella.

Jos Jeesus olisi hakenut saikkua
eikä mennytkään Jerusalemiin,
hän olisi pelastunut
ja jotain toista levantilaista
rukoiltaisiin nyt latinalaisin kirjaimin
hänen kreikannetulla nimellään.

Pakeneminen vie oikeaan suuntaan
vain sattumalta, kuten kaikki tietävät,

poislukien tietenkin ne, jotka suuntautuvat kuolemaan
saaliseläimen tavoin.
Laumaantuvat laumasta, voimaantuvat laumasta,
laumana hallitsevat.

Uhan havaittuaan – kerta kerralta merkittävämmän –
hankkiutuvat siitä eroon hallinnollisena toimenpiteenä.

Sain kaksi ääntä puolesta,
yhden tyhjän ja yhden vastaan.
Se oli painava ääni.

Niinkuin sellaisen ääni, jolla on käsissään
kirkkoherran kivekset, on.

Olen saanut kuulla itsenäisyyspäivästä saakka
kerääväni kolehdin liian hitaasti.
Vasta lopetettuani hymyilemästä
kappelineuvoston puheenjohtajan kohdalla,
olin oppinut.

Hyvä sanoma tarvitsi Juudaksen, huonoon riitti Essi.

Häntä, joka on nähnyt kasvoista kasvoihin,
kutsutaan valheiden isäksi.

Sellaista, joka on nähnyt sisäpuolelta,
ei nimeltä mainita.

Teemme kaivinkoneella kaksi monttua
saadaksemme saattokäytävän
vapaaksi sulamisvesistä. Hautajaiset huomenna,
mutta minä en ole vuorossa.

Kubota – *uponnut riisipelto*,
vaikka traktorin valmistajalla
lienee ollut mielessä sanan foneettinen muoto:
pitkäaikainen riisipellon turva.

Kun hankaimet narahtelevat yläpuolella,
joutsenet palaavat.

Hitaasti virtaa Padas.

SISÄLLYS

Samuli Lampisen julkaistut teokset:

maailmannapa.samuli@gmail.com